Nossa Senhora da Penha

Maria Belém, fsp

Nossa Senhora da Penha
Novena e história

Citações bíblicas: *Bíblia Sagrada* – tradução da CNBB, 2ª ed., 2002.

Editora responsável: *Luzia M. de Oliveira Sena*
Equipe editorial

Capa: Imagem de Nossa Senhora da Penha,
vinda de Portugal em 1569, esculpida em madeira
com policromia de carnação e olhos de vidro.

---

*Nenhuma parte desta obra poderá ser reproduzida ou transmitida
por qualquer forma e/ou quaisquer meios (eletrônico ou mecânico,
incluindo fotocópia e gravação) ou arquivada em qualquer sistema ou
banco de dados sem permissão escrita da Editora. Direitos reservados.*

Paulinas

Rua Pedro de Toledo, 164
04039-000 – São Paulo – SP (Brasil)
Tel.: (11) 2125-3549 – Fax: (11) 2125-3548
http://www.paulinas.org.br – editora@paulinas.com.br
Telemarketing e SAC: 0800-7010081

© Pia Sociedade Filhas de São Paulo – São Paulo, 2007

Introdução

A devoção a Nossa Senhora da Penha chegou ao Brasil no início do século XVI, trazida pelos europeus. Nossa Senhora veio não para tomar posse da terra, mas para viver com seus novos filhos e filhas nos lugares onde só os pobres chegam: nos penhascos. Ela veio com Jesus e como Jesus para fazer o bem: curar os doentes, aliviar as dores, consolar os aflitos, encorajar e abençoar as pessoas e trazer paz e alegria a todos.

Existem no Brasil dezenas de igrejas e capelas dedicadas a Nossa Senhora da Penha. Neste livreto, foram lembradas as de Vitória no Espírito Santo, do Rio de Janeiro e de São Paulo, que são as mais antigas, dando maior destaque para a do Espírito Santo que, conforme a história, foi a primeira delas.

Esta novena é um convite para passarmos nove dias em companhia dessa nossa Mãe, rezando, lendo sua história, refletindo, agradecendo e pedindo seus favores. O mais importante, porém, é que Nossa Senhora da Penha, como Mãe bondosa, está sempre presente e, do alto dos penhascos ou do interior da menor capela, permanece atenta aos pedidos e às preces de seus filhos e filhas.

PRIMEIRO DIA

Origem da Devoção
a Nossa Senhora da Penha

Oração inicial

Em nome do Pai, do Filho e do Espírito Santo. Amém.

Ó Maria Santíssima, Senhora da Penha, em cujas mãos Deus depositou todos os tesouros de suas graças, constituindo-vos amorosa e larguíssima dispensadora a todos os que a vós recorrem com viva fé. Eis-me aqui, cheio(a) de esperança no vosso eficacíssimo patrocínio, solicitando, humildemente, vossa proteção e amparo. Não negueis o vosso favor, ó querida Mãe, a este(a) amoroso(a), embora indigno(a) filho(a).

Recordai-vos, ó Senhora da Penha, que nunca se ouviu dizer que algum dos que em vós tem depositado toda a sua esperança tenha ficado iludido. Consolai-me, pois, ó amorosíssima Senhora, com vossas graças, que instantemente peço, a fim de continuar a honrar-vos na terra com meu cordial reconhecimento, até que possa um dia, no céu, mais dignamente vos agradecer todos os benefícios recebidos nos séculos dos séculos. Assim seja.

Um pouco de história

Existia, no norte da Espanha, uma serra muito alta e íngreme chamada Penha de França. Por volta de 1434, Simão Vela, um monge francês, sonhou com uma imagem de Nossa Senhora que lhe apareceu no topo de uma escarpada montanha, cercada de luz e acenando para que ele fosse procurá-la.

Por cinco anos, o monge procurou a mencionada serra, tendo por fim uma indicação segura. Após três dias de intensa caminhada e escala de penhascos, o monge parou para descansar. Nesse momento, viu sentada ao seu lado uma senhora com o filho ao colo que lhe indicou o lugar onde encontraria o que procurava.

Auxiliado por alguns pastores da região, Simão Vela conseguiu achar a imagem que vira em sonho. No local, ele construiu uma tosca capela que logo se tornou famosa pelos vários milagres alcançados por intermédio da Senhora da Penha.

Palavra de Deus

Então apareceu no céu um grande sinal: uma mulher vestida com o sol, tendo a lua debaixo dos pés e, sobre a cabeça, uma coroa de doze estrelas (Ap 12,1).

Reflexão

Maria, a Mãe de Jesus, é uma mulher luminosa e resplandecente, que nos ama como filhos e filhas, nos protege dos perigos e nos mostra o caminho que nos leva a Jesus e à verdadeira felicidade.

Oração final

Ó Virgem Imaculada, Mãe de Deus e nossa Mãe, que vos dignastes abrir em vosso Santuário a fonte das vossas graças mais singulares, eis-me aqui prostrado(a) aos vossos pés. Suplico-vos, ó Nossa Senhora da Penha, com a mais filial confiança, livrai-nos, a mim e aos que me são caros, dos males que nos afligem e concedei-nos os favores de que necessitamos, especialmente a graça que agora vos peço (*fazer o pedido*).

Ó Mãe de Misericórdia, pela Sagrada Paixão de vosso divino Filho e pelas dores e angústias de vosso coração materno, tende compaixão de mim e apresentai ao vosso caro Jesus as minhas ardentes preces. Abençoai-me, ó minha Mãe. Espero em vós e sei que não esperarei em vão. Assim seja.

Pai-Nosso, Ave-Maria e Glória-ao-Pai.

Nossa Senhora da Penha, rogai por nós!

SEGUNDO DIA

Nossa Senhora da Penha chega ao Brasil

Oração inicial

Em nome do Pai, do Filho e do Espírito Santo. Amém.

Ó Maria Santíssima, Senhora da Penha, em cujas mãos Deus depositou todos os tesouros de suas graças, constituindo-vos amorosa e larguíssima dispensadora a todos os que a vós recorrem com viva fé. Eis-me aqui, cheio(a) de esperança no vosso eficacíssimo patrocínio, solicitando, humildemente, vossa proteção e amparo. Não negueis o vosso favor, ó querida Mãe, a este(a) amoroso(a), embora indigno(a) filho(a).

Recordai-vos, ó Senhora da Penha, que nunca se ouviu dizer que algum dos que em vós tem depositado toda a sua esperança tenha ficado iludido. Consolai-me, pois, ó amorosíssima Senhora, com vossas graças, que instantemente peço, a fim de continuar a honrar-vos na terra com meu cordial reconhecimento, até que possa um dia, no céu, mais dignamente vos agradecer todos os benefícios recebidos nos séculos dos séculos. Assim seja.

Um pouco de história

Assim como quase todos os títulos da Virgem Maria registrados no Brasil, no período colonial, o culto de Nossa Senhora da Penha foi trazido pelos portugueses. A história relata que, num dia de maio de 1535, em terras goitacás, no meio da mata, onde se podia ouvir o grito dos papagaios e o farfalhar das árvores gigantescas, um ruído estranho ecoou pelo ares. Era um tiro de canhão, talvez o primeiro a ser ouvido nas terras capixabas.

A caravela Glória acabava de fundear na enseada da futura Vila Velha, trazendo o donatário Vasco Fernandes Coutinho para tomar posse da capitania, à qual deu o nome de Espírito Santo. Na comitiva, estava frei Pedro Palácios, franciscano, que trazia em sua bagagem um belíssimo painel de Nossa Senhora, o mesmo que ainda se vê no Convento da Penha de Vitória, local que ficaria conhecido por abrigar a maior festa mariana do país.

Após o desembarque, o religioso se instalou numa gruta ao pé da montanha e expôs o quadro de Maria Santíssima à veneração dos devotos. Contudo, o painel se deslocou miraculosamente para o alto do penhasco, onde o Frei Palácios, ajudado por amigos, construiu uma Capela para a Virgem da Penha.

Palavra de Deus

E a Palavra se fez carne e veio morar entre nós (Jo 1,14a).

Reflexão

Jesus, o fruto bendito do ventre de Maria, se fez um de nós e veio morar conosco: em nossas casas, em nossas cidades, em nossos morros, em nossos corações. E Maria está sempre atenta e solícita para facilitar e tornar viável a morada de Jesus em nosso meio.

Oração final

Ó Virgem Imaculada, Mãe de Deus e nossa Mãe, que vos dignastes abrir em vosso Santuário a fonte das vossas graças mais singulares, eis-me aqui prostrado(a) aos vossos pés. Suplico-vos, ó Nossa Senhora da Penha, com a mais filial confiança, livrai-nos, a mim e aos que me são caros, dos males que nos afligem e concedei-nos os favores de que necessitamos, especialmente a graça que agora vos peço (*fazer o pedido*).

Ó Mãe de Misericórdia, pela Sagrada Paixão de vosso divino Filho e pelas dores e angústias de vosso coração materno, tende compaixão de mim e apresentai ao vosso caro Jesus as minhas ardentes preces. Abençoai-me, ó minha Mãe. Espero em vós e sei que não esperarei em vão. Assim seja.

Pai-Nosso, Ave-Maria e Glória-ao-Pai.

Nossa Senhora da Penha, rogai por nós!

TERCEIRO DIA

Nossa Senhora da Penha
no Rio de Janeiro

Oração inicial

Em nome do Pai, do Filho e do Espírito Santo. Amém.

Ó Maria Santíssima, Senhora da Penha, em cujas mãos Deus depositou todos os tesouros de suas graças, constituindo-vos amorosa e larguíssima dispensadora a todos os que a vós recorrem com viva fé. Eis-me aqui, cheio(a) de esperança no vosso eficacíssimo patrocínio, solicitando, humildemente, vossa proteção e amparo. Não negueis o vosso favor, ó querida Mãe, a este(a) amoroso(a), embora indigno(a) filho(a).

Recordai-vos, ó Senhora da Penha, que nunca se ouviu dizer que algum dos que em vós tem depositado toda a sua esperança tenha ficado iludido. Consolai-me, pois, ó amorosíssima Senhora, com vossas graças, que instantemente peço, a fim de continuar a honrar-vos na terra com meu cordial reconhecimento, até que possa um dia, no céu, mais dignamente vos agradecer todos os benefícios recebidos nos séculos dos séculos. Assim seja.

Um pouco de história

A segunda ermida em honra de Nossa Senhora da Penha surgiu por volta de 1625, no Rio de Janeiro, quando o capitão Baltazar de Abreu Cardoso, subindo o penhasco para vistoriar suas plantações, foi atacado por uma enorme serpente e salvo pela intervenção de Nossa Senhora, que ele invocou com grande confiança.

Em agradecimento e em honra de Maria Santíssima, ergueu uma capela no alto do penhasco. As romarias de devotos logo começaram e não pararam até hoje. Tendo doado à Nossa Senhora da Penha suas propriedades localizadas no penhasco, o capitão, em 1728, confiou sua administração à recém-criada Venerável Irmandade de Nossa Senhora da Penha.

No ano de 1819, foi concluída uma escadaria de 382 degraus, talhados na própria pedra, para facilitar o acesso dos devotos. E as melhorias continuaram com a construção de um templo maior, com um carrilhão de 25 sinos colocado nas torres, época em que ocorreu sua elevação a Santuário Mariano. Assim, no alto está a Virgem da Penha, ao lado do Cristo Redentor, abençoando todos os que moram ou chegam à cidade.

Palavra de Deus

Em sonho, (Jacó) viu uma escada apoiada no chão e com a outra ponta tocando o céu. Por ela subiam e desciam os anjos de Deus (Gn 28,12).

Reflexão

A visão de Jacó se concretiza em Maria, que realmente é a escada que une a terra ao céu, que traz Jesus para nós e nos conduz até ele. Ela facilita nosso acesso a Deus, nos ensina a maneira de amar a ele e faz com que a vontade dele se realize em nossas vidas.

Oração final

Ó Virgem Imaculada, Mãe de Deus e nossa Mãe, que vos dignastes abrir em vosso Santuário a fonte das vossas graças mais singulares, eis-me aqui prostrado(a) aos vossos pés. Suplico-vos, ó Nossa

Senhora da Penha, com a mais filial confiança, livrai-nos, a mim e aos que me são caros, dos males que nos afligem e concedei-nos os favores de que necessitamos, especialmente a graça que agora vos peço (*fazer o pedido*).

Ó Mãe de Misericórdia, pela Sagrada Paixão de vosso divino Filho e pelas dores e angústias de vosso coração materno, tende compaixão de mim e apresentai ao vosso caro Jesus as minhas ardentes preces. Abençoai-me, ó minha Mãe. Espero em vós e sei que não esperarei em vão. Assim seja.

Pai-Nosso, Ave-Maria e Glória-ao-Pai.

Nossa Senhora da Penha, rogai por nós!

QUARTO DIA

Nossa Senhora da Penha em São Paulo

Oração inicial

Em nome do Pai, do Filho e do Espírito Santo. Amém.

Ó Maria Santíssima, Senhora da Penha, em cujas mãos Deus depositou todos os tesouros de suas graças, constituindo-vos amorosa e larguíssima dispensadora a todos os que a vós recorrem com viva fé. Eis-me aqui, cheio(a) de esperança no vosso eficacíssimo patrocínio, solicitando, humildemente, vossa proteção e amparo. Não negueis o vosso favor, ó querida Mãe, a este(a) amoroso(a), embora indigno(a) filho(a).

Recordai-vos, ó Senhora da Penha, que nunca se ouviu dizer que algum dos que em vós tem depositado toda a sua esperança tenha ficado iludido. Consolai-me, pois, ó amorosíssima Senhora, com vossas graças, que instantemente peço, a fim de continuar a honrar-vos na terra com meu cordial reconhecimento, até que possa um dia, no céu, mais dignamente vos agradecer todos os benefícios recebidos nos séculos dos séculos. Assim seja.

Um pouco de história

O terceiro templo foi construído na cidade de São Paulo. Segundo antigos cronistas, um viajante francês seguia de Piratininga para o Norte, levando em sua bagagem uma imagem de Nossa Senhora da Penha de França. No morro chamado, então, Aricanduva, parou para descansar. Ao continuar o trajeto, no dia seguinte, notou a falta da santa. Voltou para procurá-la e a encontrou ao lado do morro de Aricanduva. Guardou a imagem no baú e prosseguiu viagem. Ao chegar no pouso seguinte, notou a falta da imagem, que foi encontrada novamente no primeiro local onde pousara.

Esse fato repetiu-se várias vezes. Vendo nisso a vontade do céu, ele levantou ali uma pequena ermida. Mais tarde, pe. Jacinto Nunes, filho de uma dos primeiros habitantes de São Paulo de Piratininga, transferiu a imagem e a capela para o alto do morro onde se encontra hoje a secular matriz da Penha. Não se sabe a data exata da sua fundação, contudo, é certo que, em 1667, a imagem da santa já existia e ela continua sendo a Protetora da cidade de São Paulo. Sua igreja está coberta de promessas e ex-votos.

Palavra de Deus

A mãe de Jesus estava lá. [...] Sua mãe disse aos que estavam servindo: "Fazei tudo o que ele vos disser!" (Jo 2,1.5).

Reflexão

A presença de Maria, mãe de Jesus, tem sido uma constante na história do povo brasileiro desde seus inícios. Ela está também sempre presente na vida de cada pessoa criada por Deus, como sua filha e remida por Jesus na cruz, que nos assumiu como irmãos e irmãs.

Oração final

Ó Virgem Imaculada, Mãe de Deus e nossa Mãe, que vos dignastes abrir em vosso Santuário a fonte das vossas graças mais singulares, eis-me aqui prostrado(a) aos vossos pés. Suplico-vos, ó Nossa Senhora da Penha, com a mais filial confiança, livrai-nos, a mim e aos que me são caros, dos males que nos afligem e concedei-nos os favores de que necessitamos, especialmente a graça que agora vos peço (*fazer o pedido*).

Ó Mãe de Misericórdia, pela Sagrada Paixão de vosso divino Filho e pelas dores e angústias de vosso coração materno, tende compaixão de mim e apresentai ao vosso caro Jesus as minhas ardentes preces. Abençoai-me, ó minha Mãe. Espero em vós e sei que não esperarei em vão. Assim seja.

Pai-Nosso, Ave-Maria e Glória-ao-Pai.
Nossa Senhora da Penha, rogai por nós!

QUINTO DIA

O convento da Penha

Oração inicial

Em nome do Pai, do Filho e do Espírito Santo. Amém.

Ó Maria Santíssima, Senhora da Penha, em cujas mãos Deus depositou todos os tesouros de suas graças, constituindo-vos amorosa e larguíssima dispensadora a todos os que a vós recorrem com viva fé. Eis-me aqui, cheio(a) de esperança no vosso eficacíssimo patrocínio, solicitando, humildemente, vossa proteção e amparo. Não negueis o vosso favor, ó querida Mãe, a este(a) amoroso(a), embora indigno(a) filho(a).

Recordai-vos, ó Senhora da Penha, que nunca se ouviu dizer que algum dos que em vós tem depositado toda a sua esperança tenha ficado iludido. Consolai-me, pois, ó amorosíssima Senhora, com vossas graças, que instantemente peço, a fim de continuar a honrar-vos na terra com meu cordial reconhecimento até que possa um dia, no céu, mais dignamente vos agradecer todos os benefícios recebidos nos séculos dos séculos. Assim seja.

Um pouco de história

Junto à Capela de Nossa Senhora da Penha de Vitória, Espírito Santo, foi construído, em várias etapas, o convento, para dar abrigo aos franciscanos, primeiros guardiões da Imagem de Nossa Senhora da Penha. Edificado no cume do penhasco, de 154 metros de altitude, e localizado a 500 metros do mar e no centro da cidade de Vila Velha, o convento oferece aos visitantes a mais bela vista panorâmica de parte das cidades da Grande Vitória, além do esplendor do pôr-do-sol.

Em seu interior, o espaço mais expressivo é a capela-mor. O interior da igreja é revestido parcialmente com madeira em cedro. O altar-mor da igreja, executado em mármore, foi remodelado em 1910. No centro, está o nicho de Nossa Senhora, que abriga a imagem da Virgem da Penha, de origem portuguesa, de 1569. Esse Santuário e o convento testemunham, desde os primórdios do povoamento da terra capixaba, a trajetória histórica evangelizadora dos religiosos da Ordem dos Frades Menores da Província Franciscana da Imaculada Conceição do Brasil.

Palavra de Deus

Sua mãe guardava todas estas coisas no coração (Lc 2,51).

Reflexão

A Mãe de Jesus vivia em profunda oração e contemplação de Deus. Eram grandes e, às vezes difíceis de entender, os dons e os privilégios com que o Senhor a agraciava. Também seu Filho, em sua vida terrena, muitas vezes a surpreendia com suas palavras. Hoje, muitos cristãos vivem essa dimensão contemplativa em seus corações.

Oração final

Ó Virgem Imaculada, Mãe de Deus e nossa Mãe, que vos dignastes abrir em vosso Santuário a fonte das vossas graças mais singulares, eis-me aqui prostrado(a) aos vossos pés. Suplico-vos, ó Nossa Senhora da Penha, com a mais filial confiança, livrai-nos, a mim e aos que me são caros, dos males que nos afligem e concedei-nos os favores de que necessitamos, especialmente a graça que agora vos peço (*fazer o pedido*).

Ó Mãe de Misericórdia, pela Sagrada Paixão de vosso divino Filho e pelas dores e angústias de vosso coração materno, tende compaixão de mim e apresentai ao vosso caro Jesus as minhas ardentes preces. Abençoai-me, ó minha Mãe. Espero em vós e sei que não esperarei em vão. Assim seja.

Pai-Nosso, Ave-Maria e Glória-ao-Pai.

Nossa Senhora da Penha, rogai por nós!

SEXTO DIA

A Festa de
Nossa Senhora da Penha

Oração inicial

Em nome do Pai, do Filho e do Espírito Santo. Amém.

Ó Maria Santíssima, Senhora da Penha, em cujas mãos Deus depositou todos os tesouros de suas graças, constituindo-vos amorosa e larguíssima dispensadora a todos os que a vós recorrem com viva fé. Eis-me aqui, cheio(a) de esperança no vosso eficacíssimo patrocínio, solicitando, humildemente, vossa proteção e amparo. Não negueis o vosso favor, ó querida Mãe, a este(a) amoroso(a), embora indigno(a) filho(a).

Recordai-vos, ó Senhora da Penha, que nunca se ouviu dizer que algum dos que em vós tem depositado toda a sua esperança tenha ficado iludido. Consolai-me, pois, ó amorosíssima Senhora, com vossas graças, que instantemente peço, a fim de continuar a honrar-vos na terra com meu cordial reconhecimento até que possa um dia, no céu, mais dignamente vos agradecer todos os benefícios recebidos nos séculos dos séculos. Assim seja.

Um pouco de história

Na tradicional e histórica Festa da Penha, em Vitória, iniciada por frei Pedro Palácios em 1570, ocorrem fervorosas demonstrações de fé dos devotos que, procedentes de todas as paróquias capixabas e de outros estados, chegam à Penha e participam das celebrações eucarísticas que são realizadas na igreja, no "campinho" do Santuário e no parque da Prainha de Vila Velha.

Em geral, as festividades em honra a Virgem da Penha têm início no Domingo de Páscoa e vai até a segunda-feira após a oitava da Páscoa, mantendo a tradição franciscana de celebrar as alegrias de Nossa Senhora depois da Ressurreição de Jesus. A celebração da Penha é a terceira maior festa mariana do país, com a expressiva afluência de mais de 500 mil devotos que participam das 57 missas realizadas durante os nove dias, além das Romarias dos Corredores, dos Ciclistas, dos Motociclistas, dos Cavaleiros, da Juventude, das Mulheres e dos Homens.

Palavra de Deus

A minha alma engrandece o Senhor, e meu espírito se alegra em Deus, meu Salvador, porque ele olhou para a humildade de sua serva. Todas as gerações, de agora em diante, me chamarão feliz (Lc 1,47-48).

Reflexão

Maria, que viveu em contínua atitude de louvor e agradecimento a Deus, é agora venerada e aclamada por imensas multidões de filhos e devotos que confiam a ela os seus problemas. Eles são agraciados e voltam a ela com o coração agradecido. Celebradas no Brasil e em todo mundo, as festas marianas atestam o quanto Maria é amada por seus filhos.

Oração final

Ó Virgem Imaculada, Mãe de Deus e nossa Mãe, que vos dignastes abrir em vosso Santuário a fonte das vossas graças mais singulares, eis-me aqui prostrado(a) aos vossos pés. Suplico-vos, ó Nossa Senhora da Penha, com a mais filial confiança, livrai-nos, a mim e aos que me são caros, dos males que nos afligem e concedei-nos os favores de que necessitamos, especialmente a graça que agora vos peço (*fazer o pedido*).

Ó Mãe de Misericórdia, pela Sagrada Paixão de vosso divino Filho e pelas dores e angústias de vosso coração materno, tende compaixão de mim e apresentai ao vosso caro Jesus as minhas ardentes preces. Abençoai-me, ó minha Mãe. Espero em vós e sei que não esperarei em vão. Assim seja.

Pai-Nosso, Ave-Maria e Glória-ao-Pai.

Nossa Senhora da Penha, rogai por nós!

SÉTIMO DIA

A Romaria dos Homens e das Mulheres

Oração inicial

Em nome do Pai, do Filho e do Espírito Santo. Amém.

Ó Maria Santíssima, Senhora da Penha, em cujas mãos Deus depositou todos os tesouros de suas graças, constituindo-vos amorosa e larguíssima dispensadora a todos os que a vós recorrem com viva fé. Eis-me aqui, cheio(a) de esperança no vosso eficacíssimo patrocínio, solicitando, humildemente, vossa proteção e amparo. Não negueis o vosso favor, ó querida Mãe, a este(a) amoroso(a), embora indigno(a) filho(a).

Recordai-vos, ó Senhora da Penha, que nunca se ouviu dizer que algum dos que em vós tem depositado toda a sua esperança tenha ficado iludido. Consolai-me, pois, ó amorosíssima Senhora, com vossas graças, que instantemente peço, a fim de continuar a honrar-vos na terra com meu cordial reconhecimento, até que possa um dia, no céu, mais dignamente vos agradecer todos os benefícios recebidos nos séculos dos séculos. Assim seja.

Um pouco de história

A Romaria ou Procissão dos Homens, que sai da praça da Catedral de Vitória e vai até o Convento da Penha, percorrendo 14 quilômetros a pé, começou em 1955. Naquela época, era uma caminhada diurna da qual participavam homens e mulheres. Mais tarde, a partir de 1958, a romaria tornou-se noturna e só para homens. Iniciava-se às 20 horas. À medida que a procissão avançava, associavam-se a ela verdadeiras multidões, tornando-a uma das maiores demonstração de fé do povo capixaba. A chegada ao Convento é sempre coroada com uma solene celebração eucarística às 24 horas.

Desde o ano 2000, acontece também a Romaria das Mulheres, que parte às 13 horas do domingo (véspera da festa). As fiéis se dirigem à pé ao Convento onde também é celebrada a Eucaristia. A cada ano, o número de mulheres participantes vem aumentando, e a romaria está se tornando, a exemplo da dos Homens, uma Romaria tradicional.

Palavra de Deus

Naqueles dias, Maria partiu apressadamente para a região montanhosa, dirigindo-se a uma cidade de Judá. Ela entrou na casa de Zacarias e saudou Isabel (Lc 1,39-40).

Reflexão

Assim como Maria conduziu Jesus pelas montanhas até a casa de sua prima Isabel, hoje levamos Maria Santíssima nas peregrinações e romarias pelas nossas cidades. Carregamos com ela Jesus, que nos abençoa e nos faz saltar de alegria.

Oração final

Ó Virgem Imaculada, Mãe de Deus e nossa Mãe, que vos dignastes abrir em vosso Santuário a fonte das vossas graças mais singulares, eis-me aqui prostrado(a) aos vossos pés. Suplico-vos, ó Nossa Senhora da Penha, com a mais filial confiança, livrai-nos, a mim e aos que me são caros, dos males que nos afligem e concedei-nos os favores de que necessitamos, especialmente a graça que agora vos peço (*fazer o pedido*).

Ó Mãe de Misericórdia, pela Sagrada Paixão de vosso divino Filho e pelas dores e angústias de vosso coração materno, tende compaixão de mim e apresentai ao vosso caro Jesus as minhas ardentes preces. Abençoai-me, ó minha Mãe. Espero em vós e sei que não esperarei em vão. Assim seja.

Pai-Nosso, Ave-Maria e Glória-ao-Pai.

Nossa Senhora da Penha, rogai por nós!

OITAVO DIA

A Ladeira das Sete Voltas

Oração inicial

Em nome do Pai, do Filho e do Espírito Santo. Amém.

Ó Maria Santíssima, Senhora da Penha, em cujas mãos Deus depositou todos os tesouros de suas graças, constituindo-vos amorosa e larguíssima dispensadora a todos os que a vós recorrem com viva fé. Eis-me aqui, cheio(a) de esperança no vosso eficacíssimo patrocínio, solicitando, humildemente, vossa proteção e amparo. Não negueis o vosso favor, ó querida Mãe, a este(a) amoroso(a), embora indigno(a) filho(a).

Recordai-vos, ó Senhora da Penha, que nunca se ouviu dizer que algum dos que em vós tem depositado toda a sua esperança tenha ficado iludido. Consolai-me, pois, ó amorosíssima Senhora, com vossas graças, que instantemente peço, a fim de continuar a honrar-vos na terra com meu cordial reconhecimento, até que possa um dia, no céu, mais dignamente vos agradecer todos os benefícios recebidos nos séculos dos séculos. Assim seja.

Um pouco de história

Um dos acessos ao Santuário da Penha de Vitória é a "Ladeira da Penitência" ou "Ladeira das Sete Voltas", muito utilizada pelos romeiros. O nome "Ladeira das Sete Voltas" é devido as curvas graciosas que serpenteiam a mata, exibindo recantos maravilhosos e convidativos à meditação e à oração. As sete voltas também lembram ás "Sete alegrias de Nossa Senhora" após a Ressurreição de Jesus.

A devoção foi instituída e propagada pela Ordem Franciscana a quem o fundador do Convento, Frei Pedro Palácios, dedicava especial predileção. Seu calçamento de pedras toscas, produto do trabalho de escravos, foi feito em 1774. Foram construídos muros laterais e um portal de entrada para facilitar o acesso dos romeiros ao topo da colina.

A existência da ladeira remonta à fundação do convento, tendo já passado por ela pessoas importantes e conhecidas tanto do cenário religioso como político, a exemplo do imperador dom Pedro II que, em 1860, a percorreu com sua comitiva. A subida pela "Ladeira da Penitência" resulta numa caminhada de 457 metros, cheia de encantos pelas pedras seculares de seu calçamento, pelo verde das árvores seculares, pelas sete voltas com suas cruzes e pequenos nichos com imagens que convidam à reflexão e a preces.

Palavra de Deus

Todos eles perseveravam na oração em comum, junto com algumas mulheres – entre elas, Maria, Mãe de Jesus [...] (At 1,14).

Reflexão

Maria caminha e reza conosco. Ela nos ensina a falar com Deus e com Jesus, levando-nos a rezar com confiança, simplicidade e profundo amor filial à oração que Jesus nos deixou: "Pai nosso que estais nos céus...".

Oração final

Ó Virgem Imaculada, Mãe de Deus e nossa Mãe, que vos dignastes abrir em vosso Santuário a fonte das vossas graças mais singulares, eis-me aqui prostrado(a) aos vossos pés. Suplico-vos, ó Nossa Senhora da Penha, com a mais filial confiança, livrai-nos, a mim e aos que me são caros, dos males que nos afligem e concedei-nos os favores de que necessitamos, especialmente a graça que agora vos peço (*fazer o pedido*).

Ó Mãe de Misericórdia, pela Sagrada Paixão de vosso divino Filho e pelas dores e angústias de vosso coração materno, tende compaixão de mim e apresentai ao vosso caro Jesus as minhas ardentes preces. Abençoai-me, ó minha Mãe. Espero em vós e sei que não esperarei em vão. Assim seja.

Pai-Nosso, Ave-Maria e Glória-ao-Pai.

Nossa Senhora da Penha, rogai por nós!

NONO DIA

Homenagem do
Papa João Paulo II

Oração inicial

Em nome do Pai, do Filho e do Espírito Santo. Amém.

Ó Maria Santíssima, Senhora da Penha, em cujas mãos Deus depositou todos os tesouros de suas graças, constituindo-vos amorosa e larguíssima dispensadora a todos os que a vós recorrem com viva fé. Eis-me aqui, cheio(a) de esperança no vosso eficacíssimo patrocínio, solicitando, humildemente, vossa proteção e amparo. Não negueis o vosso favor, ó querida Mãe, a este(a) amoroso(a), embora indigno(a) filho(a).

Recordai-vos, ó Senhora da Penha, que nunca se ouviu dizer que algum dos que em vós tem depositado toda a sua esperança tenha ficado iludido. Consolai-me, pois, ó amorosíssima Senhora, com vossas graças, que instantemente peço, a fim de continuar a honrar-vos na terra com meu cordial reconhecimento até que possa um dia, no céu, mais dignamente vos agradecer todos os benefícios recebidos nos séculos dos séculos. Assim seja.

Um pouco de história

No dia 19 de outubro de 1991, após a celebração eucarística, em Vitória (ES), o Papa João Paulo II ajoelhou-se aos pés da imagem de Nossa Senhora da Penha. Diante do povo emocionado, fez um ato de consagração a Virgem Santa:

Maria, Mãe do autor da vida, Jesus Cristo, representada de mil maneiras pelos artistas, venerada pela Igreja sob tantos títulos e, neste solo capixaba, com o nome querido de Virgem da Penha. Nós cremos que estais no Céu, junto de Deus Trino, intercedendo em favor da humanidade, pois fostes ouvinte fiel de sua Palavra e vos tornastes serva do Senhor pela fé. Hoje, Maria, voltam-se para vós os olhos dos irmãos de Cristo, Vosso Filho, presentes em todo Brasil. Sabemos que rogais por esses vossos filhos, provados por tantos sofrimentos. Sabemos que lembrais ao Senhor nossas crianças, os jovens, os velhinhos, os pobres, os doentes e todas as famílias e comunidades; os que trabalham pelos direitos humanos e pela vida; os nossos governantes e os construtores da sociedade. Por isso, ó Virgem da Penha, diante da vossa bela imagem, nós vimos reafirmar-vos nossa devoção e amor, consagrar-vos nossas vidas, confiar-vos a nova evangelização, que desejamos realizar com renovado ardor missionário, semeando luz e esperança nas diferentes culturas, para a glória do Pai e do Filho na Unidade do Espírito Santo. Amém.

Palavra de Deus

Jesus, ao ver sua mãe e, ao lado dela, o discípulo que ele amava, disse à mãe: "Mulher, eis o teu filho!". Depois disse ao discípulo: "Eis a tua mãe!". A partir daquela hora, o discípulo a acolheu no que era seu (Jo 19,26-27).

Reflexão

Como o apóstolo João, também nós queremos receber Maria em nossa casa para com ela aprender a viver como Jesus: na justiça, amor e misericórdia. E dela receber forças e coragem para vivermos em mútua compreensão e verdadeira paz.

Oração final

Ó Virgem Imaculada, Mãe de Deus e nossa Mãe, que vos dignastes abrir em vosso Santuário a fonte das vossas graças mais singulares, eis-me aqui prostrado(a) aos vossos pés. Suplico-vos, ó Nossa Senhora da Penha, com a mais filial confiança, livrai-nos, a mim e aos que me são caros, dos males que nos afligem e concedei-nos os favores de que necessitamos, especialmente a graça que agora vos peço (*fazer o pedido*).

Ó Mãe de Misericórdia, pela Sagrada Paixão de vosso divino Filho e pelas dores e angústias de vosso coração materno, tende compaixão de mim e apresentai ao vosso caro Jesus as minhas ardentes preces. Abençoai-me, ó minha Mãe. Espero em vós e sei que não esperarei em vão. Assim seja.

Pai-Nosso, Ave-Maria e Glória-ao-Pai.
Nossa Senhora da Penha, rogai por nós!

NOSSAS DEVOÇÕES
(Origem das novenas)

De onde vem a prática católica das novenas? Entre outras, podemos dar duas respostas: uma histórica, outra alegórica.

Historicamente, na Bíblia, no início do livro dos Atos dos Apóstolos, lê-se que, passados quarenta dias de sua morte na Cruz e de sua ressurreição, Jesus subiu aos céus, prometendo aos discípulos que enviaria o Espírito Santo, que lhes foi comunicado no dia de Pentecostes.

Entre a ascensão de Jesus ao céu e a descida do Espírito Santo, passaram-se nove dias. A comunidade cristã ficou reunida em torno de Maria, de algumas mulheres e dos apóstolos. Foi a primeira novena cristã. Hoje, ainda a repetimos todos os anos, orando, de modo especial, pela unidade dos cristãos. É o padrão de todas as outras novenas.

A novena é uma série de nove dias seguidos em que louvamos a Deus por suas maravilhas, em particular, pelos santos, por cuja intercessão nos são distribuídos tantos dons.

Alegoricamente, a novena é antes de tudo um ato de louvor ao Pai, ao Filho e ao Espírito Santo, Deus três vezes Santo. Três é número perfeito. Três vezes três, nove. A novena é louvor perfeito à Trindade. A prática de nove dias de oração, louvor e súplica confirma de maneira extraordinária nossa fé em Deus que nos salva, por intermédio de Jesus, de Maria e dos santos.

O Concílio Vaticano II afirma: "Assim como a comunhão cristã entre os que caminham na terra nos aproxima mais de Cristo, também o convívio com os santos nos une a Cristo, fonte e cabeça de que provêm todas as graças e a própria vida do povo de Deus" (*Lumen Gentium*, 50).

Nossas Devoções procura alimentar o convívio com Jesus, Maria e os santos, para nos tornarmos cada dia mais próximos de Cristo, que nos enriquece com os dons do Espírito e com todas as graças de que necessitamos.

Francisco Catão

Coleção Nossas Devoções

- *Albertina Berkenbrock*. Novena e biografia – Pe. Sérgio Jeremias de Souza
- *Divino Espírito Santo*. Novena para a contemplação de dons e frutos – Mons. Natalício José Weschenfelder e Valdecir Bressani
- *Frei Galvão*. Novena e história – Pe. Paulo Saraiva
- *Imaculada Conceição*. Novena ecumênica – Francisco Catão
- *Jesus, Senhor da vida*. Dezoito orações de cura – Francisco Catão
- *Menino Jesus de Praga*. História e novena – Giovanni Marques
- *Nossa Senhora Achiropita*. Novena e biografia – Antonio S. Bogaz e Rodinei Thomazella
- *Nossa Senhora Aparecida*. História e novena – Maria Belém
- *Nossa Senhora da Cabeça*. História e novena – Mario Basacchi
- *Nossa Senhora da Luz*. Novena e história – Maria Belém
- *Nossa Senhora da Penha*. História e novena – Maria Belém
- *Nossa Senhora das Graças ou Medalha Milagrosa*. Novena e origem da devoção – Mario Basacchi
- *Nossa Senhora de Caravaggio*. História e novena – Pe. Volmir Comparin e pe. Leomar Antônio Brustolin
- *Nossa Senhora de Fátima*. Novena e história das aparições aos três pastorzinhos – Mons. Natalício José Weschenfelder
- *Nossa Senhora de Guadalupe*. Novena e história das aparições a são Juan Diego – Maria Belém
- *Nossa Senhora de Lourdes*. História e novena – Mons. Natalício José Weschenfelder
- *Nossa Senhora de Nazaré*. Novena e história – Maria Belém
- *Nossa Senhora Desatadora dos Nós*. História e novena – Frei Zeca
- *Nossa Senhora do Carmo*. Novena e história – Maria Belém
- *Nossa Senhora do Perpétuo Socorro*. História e novena – Mario Basacchi
- *Novena à Divina Misericórdia*. Santa Maria Faustina Kowalska, história e orações – Tarcila Tommasi
- *Novena do Bom Jesus* – Francisco Catão
- *Orações do cristão*. Preces diárias – Celina H. Weschenfelder (org.)
- *Os anjos de Deus*. Novena – Francisco Catão

- *Padre Pio*. Novena e história – Maria Belém
- *Paulo, homem de Deus*. Novena de são Paulo apóstolo – Francisco Catão
- *Sagrada face*. História, novena e devocionário – Giovanni Marques
- *Sagrada Família*. Novena – Pe. Paulo Saraiva
- *Sant'Ana*. Novena e história – Maria Belém
- *Santa Cecília*. Novena e história – Frei Zeca
- *Santa Edwiges*. Novena e biografia – J. Alves
- *Santa Filomena*. História e novena – Mario Basacchi
- *Santa Luzia*. Novena e biografia – J. Alves
- *Santa Paulina*. Novena e biografia – J. Alves
- *Santa Rita de Cássia*. Novena e biografia – J. Alves
- *Santa Teresinha do Menino Jesus*. Novena e biografia – Mario Basacchi
- *Santo Afonso de Ligório*. Novena e biografia – Mario Basacchi
- *Santo Antônio*. Novena, trezena e responsório – Mario Basacchi
- *Santo Expedito*. Novena e dados biográficos – Francisco Catão
- *São Benedito*. Novena e biografia – J. Alves
- *São Bento*. História e novena – Francisco Catão
- *São Cosme e são Damião*. Biografia e novena – Mario Basacchi
- *São Cristóvão*. História e novena – Pe. Mário José Neto
- *São Francisco de Assis*. Novena e biografia – Mario Basacchi
- *São Geraldo Majela*. Novena e biografia – J. Alves
- *São Judas Tadeu*. História e novena – Maria Belém
- *São Marcelino Champagnat*. Novena e biografia – Ir. Egídio Luiz Setti
- *São Pedro, apóstolo*. Novena e biografia – Maria Belém
- *São Sebastião*. Novena e biografia – Mario Basacchi
- *São Tarcísio*. Novena e biografia – Frei Zeca
- *São Vito, mártir*. História e novena – Mario Basacchi
- *Tiago Alberione*. Novena e biografia – Maria Belém

Impresso na gráfica da
Pia Sociedade Filhas de São Paulo
Via Raposo Tavares, km 19,145
05577-300 - São Paulo, SP - Brasil - 2007